AF384368

DOCUMENTS INÉDITS

SUR

J. B. POQUELIN MOLIÈRE

PARIS. TYPOGRAPHIE HENRI PLON, RUE GARANCIÈRE, 8.

DOCUMENTS INÉDITS

SUR

J. B. POQUELIN MOLIÈRE

DÉCOUVERTS ET PUBLIÉS

AVEC DES NOTES, UN INDEX ALPHABÉTIQUE ET DES FAC-SIMILE

PAR

ÉMILE CAMPARDON

Archiviste aux Archives nationales.

PARIS

HENRI PLON, IMPRIMEUR ÉDITEUR

RUE GARANCIÈRE, 10

—

1871

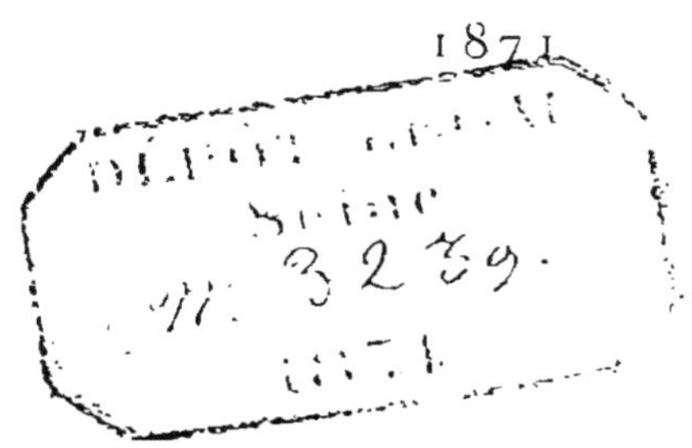

DOCUMENTS INÉDITS

SUR

J. B. POQUELIN MOLIÈRE

C'eſt en recueillant les matériaux d'un travail que je prépare ſur les ſpeſtacles des foires & des boulevards à Paris pendant les deux derniers ſiècles, que j'ai eu la bonne fortune de rencontrer dans les papiers de la ſeſtion judiciaire des Archives quatre documents relatifs à Molière[1]. Sans m'abuſer ſur leur impor-

[1] Les numéros II & IV ſont ſignés par Molière. J'en ai publié le commencement dans *le Gaulois*, le 19 février & le 27 juin de cette année, par l'intermédiaire d'un journaliſte auſſi aimable que ſpirituel, M. François Oſwald. Qu'il me permette de le remercier ici de la bonne grâce qu'il m'a témoignée dans cette oſcaſion.

tance, je crois cependant qu'ils font loin d'être fans valeur & qu'ils pourront être de quelque utilité pour la biographie du grand poëte comique. C'eft ce qui m'a décidé à les réunir & à les préfenter au public.

Paris, 3o juin 1870.

I.

*Procès-verbal pour le fieur Molière,
comédien de Monfieur, du mois d'août
1661.*[1] (Fragment.)

. . . .

. . . .

. . . .

Où étant & parlant à un jeune homme

[1] Archives nationales, férie Y, n° 13857.

Nous publions cette pièce dans l'état où
elle fe trouve parmi les minutes du commiffaire Lemufnier. C'eft la faifie du *Cocu imaginaire,* faite à la requête & en préfence de
Molière chez l'imprimeur & chez l'éditeur de
cette comédie. Il eft impoffible d'apprendre
par le procès-verbal lui-même quelles raifons
put avoir Molière pour en agir ainfi, car cet
acte eft malheureufement incomplet. Il de-

qui nous a dit être ledit Journel & être imprimeur en cette ville de Paris, après lui avoir fait entendre le sujet de notre venue, nous a fait monter en une première chambre fur le devant où il fait

vrait, comme tous ceux de même nature que nous avons rencontrés dans nos recherches, débuter par la tranfcription de la requête adreffée par le fuppliant au lieutenant civil, & en vertu de laquelle la faifie avait lieu. De plus, cette requête elle-même, en original, *écrite fouvent*, mais *toujours fignée* par la partie plaignante, fe trouve généralement jointe au procès-verbal de faifie qui en eft la fuite. Il n'en eft pas de même ici, & la requête originale manque au doffier. Y a-t-elle jamais été jointe ? En a-t-elle été fouftraite à une époque déjà ancienne, à caufe de la fignature de Molière qui la terminait infailliblement ? Ce font là des queftions délicates auxquelles il eft impoffible de répondre d'une manière pofitive, &, tout en fignalant l'étrangeté du fait, nous nous abftiendrons de toute efpèce de fuppofition.

fon imprimerie, & là, en fa préfence, ayant fait une recherche des feuilles que nous prétendions trouver dudit livre appelé *le Coqu imaginaire* fans en pouvoir rencontrer aucune, ledit Journel nous a déclaré qu'il y a quinze jours ou environ que ledit Jean Ribou, marchand libraire, demeurant attenant les Auguftins, lui a retiré les derniers exemplaires, enfuite il en a rompu les formes; ledit Ribou fe contentant de neuf cents exemplaires qu'on lui a fournis. Au moyen de laquelle déclaration & de ce que nous n'en avons pu trouver aucun autre exemplaire, nous nous fommes retiré & dreffé le préfent procès-verbal pour fervir & valoir audit fieur de Molière en temps & lieu ainfi que de raifon.

Et depuis, après ferment par lui prêté, nous a dit en avoir imprimé douze cents & demi ou environ, lefquels il a tous

délivrés audit Ribou fans pouvoir nous
dire où ils étoient & où ledit Ribou les
a mis, ni par qui ils avoient été reliés.

Signé : Christophe Journel.

Ce fait, à l'inftant. nous, commiffaire
fufdit, fommes tranfporté en la maifon
dudit fieur Ribou fusdéclarée, où étant
eft furvenu ledit Jean Ribou, lequel,
inftruit du fujet pour lequel nous étions
dans la boutique, auroit d'un ton fort
haut dit qu'il ne connoiffoit pas M. le
lieutenant civil pour le fait des privi-
léges; & fur ce que nous aurions voulu
prendre fon ferment & favoir de lui s'il
n'étoit pas véritable que Chriftophe Journel, fon imprimeur, lui avoit délivré
douze cent cinquante exemplaires d'un
livre intitulé *le Cocu imaginaire* depuis
quinze jours en çà, ce qu'il en avoit fait
& où il les avoit mis. puifqu'ils ne fe

trouvoient pas dedans ſon logis, il nous auroit refuſé ſondit ſerment, & néanmoins nous auroit dit qu'il avoit reçu les douze cent cinquante exemplaires, leſquels il avoit mis où il lui avoit plu, & ſe moquoit de tout ce qui ſe pourroit faire à l'encontre de lui. Nonobſtant quoi ledit Pïerre Granet, ſergent, lui auroit laiſſé l'aſſignation & ſaiſie des quatre livres intitulés *le Cocu imaginaire,* & a ledit Ribou [1] refuſé de ſigner.

[1] Ce fut cependant Jean Ribou qui édita dans la ſuite la plus grande partie des pièces de Molière (*le Misanthrope, le Médecin malgré lui, Georges Dandin, l'Avare, Tartuffe, Pourceaugnac*). Molière lui prêta même de l'argent. Voici ce qu'on lit à ce ſujet dans l'inventaire fait après le décès du grand poëte comique : « *Item* un autre écrit ſous ſeing privé en date du 16 novembre 1672, ſigné Jean Ribou & Anne David, ſa femme, par leſquels les ſouſſignés ont

Dont & de quoi ledit fieur Molière nous a requis le préfent procès-verbal pour lui fervir ce que de raifon [1].

reconnu devoir audit défunt fieur de Molière la fomme de fept cents livres, valeur de lui reçue, qu'ils auroient promis folidairement lui payer en quatre payements égaux, de trois mois en trois mois, ainfi qu'il eft porté audit écrit. » Voyez Eudore Soulié, *Recherches sur Molière & fur fa famille*, p. 287.

[1] L'acte qu'on vient de lire reftant muet fur les motifs de cette faifie, nous avons dû les chercher ailleurs, & nous avons trouvé qu'un certain Neufvilaine ou Neufvillenaine étant parvenu (après avoir affifté plufieurs fois aux repréfentations du *Cocu imaginaire*) à retenir cette comédie de mémoire, s'avifa, pour gagner quelque argent, de la faire imprimer. Il la tranfcrivit, mit des arguments en tête de chaque fcène, compofa une préface qu'il dédia *à un ami*, obtint un privilége qui interdifait la publication à tout autre, & la fit éditer par Ribou. Le procédé, parfaitement d'accord du refte avec les habitudes du temps, était un peu fau-

II.

Plainte & information pour les comédiens françois & italiens contre plufieurs valets de chambre [1].

L'an 1662, le famedi 25ᵉ février, environ les cinq heures de relevée, nous Pierre Lemufnier, commiffaire au Châtelet de Paris, requis qu'avons été,

vage, & l'on avait cru jufqu'ici que Molière avait fouffert la fraude fans fe plaindre; on avait même dit qu'il était d'accord avec Neufvilaine dans cette affaire. Le document que nous publions prouve, au contraire, que Molière prit très-mal la chofe. Il s'adreffa à la juftice, et fut, comme c'était fon droit, revendiquer fa propriété. Voyez Édouard Fournier, *les Chanfons de Gautier Garguille*, p. xxxii, et Victor Fournel, art. Molière dans la *Biographie* Didot.

[1] Archives nationales, férie Y, nᵒ 13858.

fommes tranfporté dans la falle du Palais-Royal où fe repréfentent les comédies françoifes & italiennes, où étant & monté dans une des loges d'icelle, avons trouvé les feigneurs Thibert [1], Dominique [2] &

[1] *Thibert* pour *Tiberio*, prénom de l'acteur Fiorilli, connu au théâtre fous le nom de *Scaramouche*, perfonnage qu'il jouait en perfection. Voyez plus loin la note fur lui.

[2] Domenico Biancolelli, dit au théâtre *Dominique*: c'eft le célèbre Arlequin de la Comédie italienne, où il joua pendant vingt-fept ans. Il naquit à Bologne en 1640, & fit partie durant quelques années d'une troupe qui donnait fes repréfentations à Vienne en Autriche. Les frères Parfaict affignent à fon début à Paris la date de 1660, mais cette date eft erronée, & M. Jal, dans fon *Dictionnaire*, la rectifie par celle de 1661. Il mourut à Paris le 2 août 1688, et fut inhumé en l'églife Saint-Euftache, fa paroiffe, le lendemain. Son acte de décès & plufieurs autres actes de l'état civil relatifs à fa famille ont été publiés par M. Jal.

Octave [1], comédiens italiens, qui nous ont dit nous avoir envoyé querir pour nous rendre plainte de ce que, peu de temps auparavant leur comédie commencée, quelques particuliers à eux inconnus qu'ils ont appris depuis être laquais & valets de chambre, voulant entrer ſans payer, ont forcé leurs portiers et iceux obligé, pour éviter le péril de leurs perſonnes, de ſe ſauver dans une maiſon

---

[1] Octave eſt Ottavio Coſtantino Coſtantini, comédien italien, connu au théâtre ſous le nom de *Gradelin*. Ses deux fils furent comme lui comédiens : l'aîné, Angelo Coſtantini, joua les *Mezzetin* et en garda le nom ; le plus jeune, Jean-Baptiſte Coſtantini, dit *Octave*, joua les amoureux jusqu'à la ſuppreſſion de la Comédie italienne par ordre du roi Louis XIV. En 1712, il ſe fit entrepreneur de ſpectacles aux foires Saint-Germain & Saint-Laurent, où ſon théâtre était connu ſous le nom de *Jeu d'Octave*.

voifine, qui eft au fond de la rue Courtaury, où ils n'ont pas laiffé de les pourfuivre, en forte que l'un d'eux a été
obligé de mettre l'épée à la main pour
repouffer ceux qui l'attaquoient au nombre de fept à huit. — Que même dans
ledit temps ont été tirés quelques coups
de piftolet, dont deux des fufdits quidams
auroient été bleffés, ce qui auroit donné
lieu à leur portier de s'échapper de leurs
mains & venir par devers eux plaignants
pour leur faire favoir ce que deffus & les
requérir de prendre leur fait & caufe,
n'ayant été ainfi attaqués qu'à leur fujet
& pour défendre leurs droits. Et d'autant
qu'ils ont notable intérêt de faire connoître la mauvaife intention defdits quidams qui ne s'étoient attroupés que pour
maltraiter leurfdits portiers, ce qui leur
arrive journellement. ils ont été confeillés de nous envoyer querir pour nous

FAC-SIMILE DES SIGNATURES DE LA PIÈCE CI-CONTRE.

en rendre plainte, même d'informer du contenu en icelle, circonftances et dépendances avec l'adjonction de M. le procureur du Roi. — Et cependant, attendu que la plainte ci-deffus n'eft qu'au fujet de leurfdits portiers qui leur en ont fait le récit, ils nous requéroient de vouloir le favoir par la bouche du nommé Germain[1], leur principal portier. Et ont figné :

TIBERIO[2], OTTAVIO.

[1] Ce Germain s'appelait de fon vrai nom Saint-Germain. Il avait été un peu auparavant victime d'une méfaventure femblable, car voici ce qu'on lit, à la date du 20 mars 1661, dans le regiftre de Lagrange confervé dans les archives de la Comédie françaife : « Donné à Saint-Germain, portier, pour fa bleffure, cinquante-cinq livres. » Nous avons trouvé ce renfeignement dans le curieux volume de M. Édouard Fournier, *les Chanfons de Gautier Garguille,* p. 242.

[2] Tiberio Fiorilli naquit, dit-on, à Naples en 1608. Il mourut à Paris le 7 décembre

Et à l'inflant ledit Germain, furvenu en la même loge, mandé par lefdits

1694, & fut inhumé à Saint-Euflache, en préfence de fon fils Silvio Fiorilli & du comédien italien Marc-Antoine Romagnefi, dit *Cintio*. Scaramouche fut marié deux fois : 1° à Palerme, avec Laurence Ifabelle (c'eft ainfi que Tiberio lui-même la nomme dans un interrogatoire que nous avons entre les mains), que M. Jal, dans fon *Dictionnaire*, appelle Lorenza Elifabeta del Campo : elle mourut à Florence ; 2° le famedi 8 mai 1688, en l'églife Saint-Sauveur, avec Marie Robert Duval, âgée de trente ans (il en avait, lui, environ quatre-vingts), qui mourut au mois de novembre 1693, un an avant fon mari. Il réfulte de documents que nous avons recueillis fur Scaramouche, que c'eft Louis XIV lui-même qui le força en quelque forte à conclure ce fecond mariage. Fiorilli, qui avait abandonné fa première femme, vivait depuis longues années à Paris avec Marie Robert Duval, dont il avait un enfant. Louis XIV s'émut de cette fituation irrégulière, & exigea qu'il époufât Marie Duval

comédiens, nous a dit & déclaré que cejourd'hui, environ les quatre heures de
relevée, étant à l'entrée de la porte qui
conduit au parterre des Comédiens du

« pour rétablir l'état d'Anne-Élisabeth Fiorilli, sa fille, & pour vivre en bon chrétien. »
Scaramouche obéit, quoiqu'il ne fût pas sûr
que sa première femme fût morte et qu'il
n'eût à cet égard que des données très-
vagues ; mais cette nouvelle union fut loin
d'être heureuse, car il fut trompé, volé &
même battu par cette agréable épouse. Il
s'en vengea en la faisant enfermer dans un
couvent & surtout en lui survivant, ce qui,
il faut l'avouer, n'était pas trop facile, puis-
qu'il avait cinquante ans de plus qu'elle.

Tiberio Fiorilli était un acteur excellent,
& on raconte que Molière suivait assidûment
les représentations de la Comédie italienne
les jours où il jouait. Il existe une *Vie de
Scaramouche* signée par Angelo Costantini,
dit Mezzetin, comédien italien, & M. Jal a
recueilli sur lui dans son *Dictionnaire* un
grand nombre de documents importants.

2.

Palais-Royal, fept à huit quidams, qu'il ne connoît que pour leur avoir plufieurs fois refufé la porte, fuivant l'ordre qu'il en avoit de fes maîtres, lui avoient fait une querelle d'Allemands, &, voulant entrer de force, contre la volonté de lui Germain, l'auroient obligé de leur dire qu'ils ne faifoient cela que pour lui faire pièce. Dans lequel temps lefdits quidams, tous enfemble, avoient mis l'épée à la main, & icelui forcé de fe retirer dans la cour d'une maifon voifine, où ils l'auroient pourfuivi l'épée à la main, & icelui preffé de telle forte, n'étant feulement affifté que de fes camarades, qu'il fe feroit mis en état de repouffer leurs violences. Fut étonné que dans ledit temps furent tirés un ou deux coups de piftolet qui auroient donné lieu audit plaignant de fe fauver dans le Palais-Royal & venir par devers lefdits fieurs

Comédiens italiens pour leur en rendre plainte, même prier iceux de prendre leur fait & caufe; ce qu'ils lui auroient promis faire. Et a déclaré ne favoir écrire ni figner.

A quoi procédant font furvenus les nommés Molière & Du Croizy [1], comédiens de Son Alteffe Monfeigneur le duc d'Orléans, lefquels, avertis de l'infulte qui avoit été faite par aucuns quidams contre leurs portiers & qui continuent journellement, ont trouvé à propos de fe joindre avec lefdits fieurs comédiens italiens pour agir contre lefdits quidams;

[1] Philibert Gaffot, fieur du Croify, né en 1630, entra en 1659 dans la troupe de Molière, où il rempliffait avec talent les rôles à manteau. C'eft lui qui joua d'original le rôle de *Tartuffe.* Du Croify quitta le théâtre en 1689 & mourut en 1695. Il avait époufé Marie Claveau, veuve de Nicolas de l'École, fieur de Saint-Maurice.

nous faifant pareil réquifitoire. Et ont figné :

J. B. P. Molière, Du Croisy.

Suivant & au défir duquel réquifitoire avons procédé au fait de ladite information ainfi qu'il fuit :

Dudit jour 23 février 1662.

Jacques Prévoft, bourgeois de Paris, demeurant rue des Foffés-Saint-Germain, paroiffe Saint-Sulpice, âgé de vingt-trois ans, natif d'Alençon, lequel, après ferment de dire vérité :

Dépofe que cejourd'hui, environ les quatre heures de relevée, s'étant arrêté vis-à-vis la rue Courtaury, proche la falle du Palais-Royal, il a vu cinq quidams à lui inconnus, ayant tous des épées au côté, qui querelloient le nommé Germain, portier des Comédiens françois & italiens, fur ce

FAC-SIMILE DES SIGNATURES DE LA PIÈCE CI-CONTRE.

qu'il leur refuſoit l'entrée de ladite Comédie ; & leſquels, après pluſieurs injures
par eux proférées contre ledit Germain,
auroient enfin mis l'épée à la main contre
lui & icelui obligé de quitter ſa porte
pour s'enfuir ainſi qu'il a fait & ſe ſauva
dans la cour d'un logis, qui eſt au fond
de la rue Courtaury, où il auroit été
pourſuivi par les mêmes quidams, leſquels, en jurant le ſaint nom de Dieu,
auroient dit : « Mort-Dieu ! je renie Dieu !
bougre de portier, filou, coquin, nous
te bourrellerons le ventre de cent coups
de mouſqueton ! » Et de fait a vu quelque temps après leſdits quidams pouſſer
ledit Germain juſque dedans un coin de
la porte cochère, où ſe voyant néceſſité de
défendre ſa vie, de ſe mettre en état de
parer quelques coups d'épée qui lui étoient
portés par leſdits quidams. A été étonné
que dans ledit temps quelque coup de piſ-

tolet a été tiré dont une perſonne s'eſt trouvée bleſſée. A vu enſuite trois deſdits quidams s'enfuir du côté de la rue Fromenteau, diſant : « Sauvons-nous! » Et c'eſt tout.

Signé : Prévost.

Jeanne Demarais, fille de défunt Pierre Demarais, vivant jardinier, demeurante aux Petits-Carreaux, paroiſſe Saint-Euſtache, âgée de vingt-deux ans, laquelle, après ferment,

Dépoſe que cejourd'hui, environ les quatre heures de relevée, paſſant vis-à-vis le Palais-Royal où ſe jouoit la comédie, voyant pluſieurs épées tirées ès environs de la porte de ladite Comédie, elle ſe ſeroit arrêtée & vu un laquais, vêtu de rouge, qui s'étoit ſaiſi d'un petit mouſqueton que tenoit le frère du portier de ladite Comédie, étant dit par ledit laquais,

parlant audit frère Germain, qu'il le vouloit tuer d'un mousqueton. A vu dans le
même temps cinq ou six autres allonger
des coups d'épée contre Germain, portier,
qu'ils auroient forcé de se retirer dans la
cour d'une grande maison, qui est au fond
de la rue Courtaury, jurant après lui &
reniant le saint nom de Dieu, disant en
ces termes : « Mort Dieu ! bougre de filou,
nous te bourrellerons le ventre de cent
coups de pistolet. » A vu ensuite ledit
Germain revenir sur le pas de la porte
de ladite maison ; puis, peu de temps
après, lesdits quidams, réitérant leurs
mêmes injures & blasphèmes, l'auroient
forcé à grands coups d'épée de se ranger
dans l'un des coins de ladite grande porte
où il se feroit défendu contre lesdits quidams. A entendu dans ledit temps un
coup de pistolet tiré, ne sait par qui ; sait
seulement que trois desdits quidams qui

attaquoient ledit Germain s'en feroient fuis du côté de la rue Fromenteau. Et c'eſt tout. Lecture faite, a déclaré ne favoir écrire ne figner, de ce interpellée fuivant l'ordonnance.

Du dimanche 26 février 1662.

Marguerite Marge, fille de Guillaume Marge, maître cordonnier à Paris, demeurante au bout de la rue Courtaury, paroiſſe Saint-Euſtache, âgée de vingt-fept ans ou environ, laquelle, après ferment de dire vérité,

Dépofe que hier, environ les quatre heures de relevée, étant dans une petite chambre en bas du logis où elle eſt demeurante, elle vit pluſieurs quidams, au nombre de cinq, ayant tous juſtaucorps gris, armés d'épées, qui vinrent quereller le portier du parterre des Comédiens françois & italiens. Fut étonnée qu'un mo-

ment après elle les vit tous l'épée à la main
contre ledit Germain, qui fut contraint
de quitter ſa porte & gagner la maiſon de
Mme de Couvigni, qui eſt au fond de
ladite rue Courtaury, où il fut auſſi
pourſuivi. Les vit comme accommodés,
attendu qu'ils avoient tous remis l'épée
dans leurs fourreaux. Puis un peu après
les vit tous remettre l'épée à la main, ne
ſait pour quel ſujet; ce que vu par la dé-
poſante, elle auroit fermé la porte de ſa
maiſon & entendu deux coups d'arme à
feu ſans pouvoir dire par qui, ſinon
qu'elle vit trois deſdits quidams qui
avoient attaqué le portier qui s'en-
fuyoient du côté de la rue Saint-Honoré.
A appris que ceux qui avoient été tués
& bleſſés étoient des hommes de chambre
de MM. de Roquelaure & de Béthune;
qui eſt tout. Et a déclaré ne ſavoir écrire
ne ſigner.

Marye Marge, femme de Pierre Guyon, compagnon chirurgien, elle demeurante avec son père & sa mère en la maison susdéclarée, âgée de vingt-quatre ans ou environ ; laquelle, après serment de dire vérité,

Dépose que le jour d'hier, environ les quatre heures du soir, étant dans sa maison, elle auroit vu plusieurs quidams, au nombre de sept à huit, qui auroient poussé le portier du parterre des Comédiens à coups d'épée jusque dans la maison de Mme de Couvigni, où ils se seroient accommodés ; puis, un moment après, les vit tous remettre l'épée à la main & entendit tirer deux coups d'arme à feu, dont deux de ceux qui avoient attaqué ledit Germain furent blessés, & l'un d'iceux tombé mort & l'autre aussi qu'elle a appris du depuis qu'il étoit mort, & que ce sont les valets de chambre de

MM. de Béthune & de Roquelaure. Et c'est tout. A signé.

> *Signé :* Marie MARGE.

Jeanne Safus, femme de Guillaume Bonnet, bourgeois de Paris, demeurant rue Courtaury, âgée de quarante-sept ans ou environ, laquelle, après serment,

Dépose que le jour d'hier, environ les quatre heures de relevée, revenant de la ville, elle auroit vu devant son logis plusieurs personnes qui se battoient à coups d'épée, & ayant reconnu que c'étoit le portier du parterre des Comédiens que quatre ou cinq quidams, qu'elle a appris être des hommes de chambre, poursuivoient jusque devers la porte de la dame de Couvigni ; ce qui l'auroit obligée à se sauver en la maison du sieur Marge, père des témoins précédents. Et peu de temps après a entendu tirer deux coups d'armes à feu, dont deux defdits hommes de chambre feroient tombés à terre. A appris que c'étoient les hommes de chambre de MM. de Béthune & de Roquelaure. Qui eft tout. Et a déclaré ne favoir écrire ne figner, de ce interpellée fuivant l'ordonnance [1].

[1] On voit dans *les Curiofités théâtrales* de M. Victor Fournel, p. 135, que les portiers de la Comédie étaient fouvent expofés à des violences analogues : « D'autres perfonnes encore, outre les gens de la maifon du Roi, voulaient s'attribuer le droit de ne pas payer en entrant, & c'étaient des rixes continuelles. Auffi Chappuzeau nous apprend que, pour cette charge, on faifait toujours choix d'un brave capable de croifer le fer. On trouve fouvent dans le regiftre de Lagrange des frais de panfements pour portiers bleffés... »

.LII.

*Information à la requête de M. le pro-
cureur du Roi au ſujet d'une inſulte
arrivée à la Comedie du Palais-Royal
par des gens de livrée*[1] (le dimanche
9 octobre 1672).

A MONSIEUR LE LIEUTENANT CRIMINEL.

Vous remontre le procureur du Roi que
dimanche dernier, ſur la fin de la Comédie
du Palais-Royal, pluſieurs gens de livrée
& autres firent inſulte à un homme d'épée
auquel ils donnèrent quantité de coups
de bâton deſquels il eſt grièvement bleſſé,
& même jetèrent pluſieurs pierres aux

---

[1] Archives nationales, ſérie Y, n° 14730.

acteurs qui jouoient la comédie. Et leur ayant été fait quelques remontrances pour arrêter le cours defdites violences & défordres, lefdits pages, gens de livrée & autres, s'en feroient moqués, difant avec mépris qu'ils ne reconnoiffoient ni juges, ni juftice. Et d'autant qu'il n'eft pas jufte que ces fortes de violences & défordres, qui font de grande conféquence pour le public, foient tolérées, requéroit ledit procureur du Roi être informé des faits ci-deffus, circonftances & dépendances, pour, l'information faite & à lui communiquée, requérir ce que de raison.

Signé : DE RYANT.

Soit fait ainsi que le requiert le procureur du Roi. Fait ce 14 octobre 1672.

Signé : DEFITA.

Information faite par nous Jean David, confeiller du Roi, commiffaire enquefteur & examinateur au Châtelet de Paris, pour & à la requête de M. le procureur du Roi audit Châtelet, contre pluſieur pages, gens de livrée & autres, & ce ſuivant la requête par lui préſentée à M. le lieutenant criminel. Au bas de laquelle eſt ſon ordonnance, &c.

Vaquant par nous conseiller commiſſaire ſuſdit au fait de laquelle information, avons en icelle ouï & examiné les témoins à nous produits, aſſignés de notre ordonnance, les noms deſquels, âges, qualités, demeures, dires & dépoſitions, la teneur enſuit.

Du [ſamedi] 15 octobre 1672.

Nicolas Dangerville, ſerviteur domeſtique de la troupe des Comédiens italiens, demeurant rue des Vieilles-Étuves, paroiſſe Saint-Euſtache, âgé de ſeize ans ou environ, aſſigné par exploit de Grannet, fergent à verge audit Châtelet, ainfi qu'il nous eft apparu ; lequel, après ferment par lui fait de dire vérité, qu'il n'eft point allié, ni domeftique,

A dit que dimanche dernier, entendant fur le théâtre la comédie françoife au Palais-Royal, il vit que, au premier ou fecond acte, pendant que quelques acteurs prononçoient, entre autres le fieur de Molière, il fut jeté du parterre le gros bout d'une pipe à fumer fur le théâtre[1],

[1] Défireux de favoir quelle était la compofition du fpectacle le jour où Molière & fes excellents camarades furent infultés auffi groffièrement en fcène, nous nous fommes naturellement adreffé à M. Regnier, l'éminent fociétaire de la Comédie françaife, qui connaît à fond l'hiftoire de fon théâtre. M. Regnier, avec une obligeance dont nous ne faurions trop le remercier, a bien voulu nous tranfmettre par lettre le réfultat des recherches faites à ce fujet par M. Léon Guillard, archivifte-bibliothécaire de la Co-

ce qui fit un peu ceffer ; & auffitôt que la comédie fut finie, il vit un particulier,

médie, que nous prions de recevoir également nos remercîments fincères pour la peine qu'il a bien voulu prendre à ce propos. La lettre de M. Regnier ne fe borne pas à l'énumération pure & fimple des pièces qu'on jouait ce foir-là, elle traite en outre favamment un point intéreffant de l'hiftoire dramatique de Molière, & c'eft à ce titre que nous demanderons à fon auteur la permiffion d'en faire profiter nos lecteurs.

« 1er juillet 1870.

   » Monfieur,

   » Très-accablé de travail en ce moment, je n'ai pu aller moi-même chercher dans nos archives les renfeignements que vous m'avez fait l'honneur de me demander. C'eft notre archivifte M. Guillard, mon ami, qui a bien voulu fe charger de la recherche, & en voici le réfultat :

   » Le dimanche 9 octobre 1672, la *troupe du Roy* a joué deux pièces :

   » 1° *La Comteffe d'Efcarbagnas*.

vêtu en page, couvert de livrée jaune, qui donna plufieurs coups d'une canne ou d'un bâton fur la tête & le corps

» 2° *L'Amour médecin*.

» Or, votre trouvaille, dont je vous demande la permiffion de vous faire mon compliment, car tout a de la valeur quand il s'agit de Molière, me donne à croire qu'elle éclaircira un petit point d'hiftoire dramatique.

» Le procès-verbal que vous allez publier dit que Molière était en fcène quand on y lança un tuyau de pipe à fumer. Jufqu'à préfent on n'a pu déterminer d'une façon précife la diftribution des rôles de *l'Amour médecin*; feulement nous fommes à peu près certain que Molière n'a pas joué dans *la Comteffe d'Efcarbagnas*, & puifqu'il jouoit un rôle dans la repréfentation où ont eu lieu les défordres fignalés par votre procès-verbal, ce ne peut être que pendant *l'Amour médecin*, pièce, comme il l'a dit lui-même, faite, apprife & repréfentée en cinq jours, & où il devient de plus en plus vraifemblable qu'il s'adjugea, comme auteur, le rôle le

d'un jeune homme, lequel s'écrioit qu'on l'aſſaſſinoit. M. le procureur du Roi parut en robe ſur ledit théâtre, & voyant que

plus long, un rôle que tout autre acteur n'auroit pu en ſi peu de temps loger dans ſa mémoire, celui de *Sganarelle*.

» La recette du dimanche 9 octobre 1672 eſt de ſix cent quatre-vingt-neuf livres; c'eſt un aſſez beau chiffre.

» La contrariété que Molière put éprouver à la ſuite de cette repréſentation tapageuſe fit preſque immédiatement place à un chagrin plus vif, à une douleur plus réelle ; ſon fils mourut le ſurlendemain, le mardi 11 octobre. Le théâtre reſta fermé les 10, 11, 12 & 13 des jours ſuivants, & ne rouvrit ſes portes que le vendredi 14, par une repréſentation de *l'Avare*. Molière, comme vous le ſavez, y jouait le rôle d'*Harpagon*.

» Si vous penſiez, Monſieur, qu'il eſt en mon pouvoir de vous fournir quelque renſeignement encore utile à votre travail, veuillez diſpoſer de moi, ce ſera une bonne fortune que de vous ſatisfaire.

» Veuillez agréer, &c. »

le page, accompagné de plufieurs perfonnes auffi de couleur, faifoient un
défordre très-grand & qu'ils pouffoient à
rumeur & fédition, il leur dit avec douceur & modération de ceffer & quitter
leurs bâtons. Et dans ce temps-là ledit
dépofant remarqua parmi lefdits gens de
livrée, croit que c'étoient tous pages, un
particulier vêtu d'un juftaucorps velours
noir, ayant l'épée au côté & une plume
blanche fur fon chapeau, qui prit fort-
l'intérêt defdits pages & parla avec feu
& ardeur, fon chapeau fur la tête. Et fur
ce qu'une perfonne de qualité, qui étoit
fur ledit théâtre près mondit fieur le procureur du Roi, dit audit particulier couvert du juftaucorps de velours qu'il ne
devoit pas parler de la forte à fon juge,
il fit réponfe, en levant la main & d'un
mépris très-grand, en ces termes : « Nous
nous moquons des juges : nous n'avons

pas de juges. » Ce qu’il difoit directement devant M. le procureur du Roi, qui eut toute la douceur et la modération imaginables, & dit feulement qu’il fe plaindroit. Nonobftant, il penfa arriver une rumeur très-grande par les emportements defdits pages & dudit particulier couvert dudit juflaucorps de velours ; de forte que mondit fieur le procureur du Roi n’ayant pu rien gagner fur eux, il fe retira. Eft tout ce qu’il a dit favoir.

Signé : David, Dangerville.

Jacques Hugot, ingénieur ordinaire des armées du Roi, demeurant à Paris, rue de la Sourdière, paroiffe Saint-Roch, âgé de trente-huit ans ou environ,

A dit que dimanche dernier, s’étant rencontré fur le théâtre, à la fin de la Comédie françoife du Palais-Royal, il vit dans le parterre une rumeur caufée par

des gens de couleur, remarqua qu'il y en
avoit de la maifon de Grandmont, un
defquels, qui eft page, donna plufieurs
coups de bâton fur un particulier à lui
inconnu; & comme cela fit un grand
défordre, M. le procureur du Roi, qui
étoit fur le théâtre en robe, s'avança fur
le bord & dit auxdits gens de couleur,
qui font tous pages : « Meffieurs, cela
n'eft pas honnête de faire un tel défordre
dans un lieu de refpect tel que le Palais-
Royal. » Et mondit fieur le procureur du
Roi, voyant qu'ils ne laiffoient pas de
continuer leurs violences, ayant reconnu
les livrées, leur dit : « Meffieurs, je me
plaindrai à M. le maréchal de Grandmont [1]. Mettez le bâton bas. » Sur ce lef-

[1] Antoine III, duc de Gramont, né en 1604,
maréchal de camp en 1635, maréchal de
France en 1641, duc & pair de France
en 1648, colonel général des Gardes fran-

dits pages levèrent leurs mains, & ne tenant compte de ce qu'il leur difoit, le fieur Boileau de Puymorin[1], tréforier des menus plaifirs de Sa Majefté, préfent à tout ce défordre, leur dit : « Meffieurs, vous devriez confidérer que vous êtes devant M. le procureur du Roi, qui eft

çaifes en 1661, mourut à Bayonne le 12 juillet 1678. Il a laiffé des *Mémoires.*

[1] Pierre Boileau de Puymorin, né le 5 avril 1625, mort le 11 décembre 1683, était frère de Nicolas Boileau Defpréaux, & comme lui ami de Molière. Peu de jours avant la fcène que retrace notre document, le 1ᵉʳ octobre précédent, Pierre Boileau de Puymorin avait tenu fur les fonts baptifmaux, avec Catherine Mignard, fille du peintre de ce nom, le fecond fils de Molière, qui ne vécut que onze jours, & qui fut inhumé le 12 octobre 1672 en l'églife Saint-Euftache. Voyez Eudore Soulié, *Recherches sur Molière.* p. 78. et Jal, *Dictionnaire critique.* p. 237.

un juge! » Là-deſſus, leſdits pages & un jeune homme vêtu d'un juſtaucorps de velours noir, ayant l'épée au côté & une plume blanche ſur ſon chapeau, qui étoient fort animés, dirent tous avec mépris : « Nous n'avons pas de juges, & nous nous en moquons. » A quoi mondit ſieur le procureur du Roi ne fit autre réponſe, ſinon qu'il ſe plaindroit, leur parla dans toute la douceur & modération poſſibles. Et étant mondit ſieur le procureur du Roi ſorti de la Comédie, ledit dépoſant l'accompagnant, il vit le page, qui avoit donné les coups de bâton, au coin de la porte de la Comédie, accompagné dudit particulier vêtu du juſtaucorps de velours noir & d'un autre page, qui dit qu'il vouloit parler à mondit ſieur le procureur du Roi, s'empreſſoit fort pour cela ; de quoi il fut empêché par d'autres gens qui ſortoient de ladite Comédie, qui lui dirent : « Que voulez-vous faire ? Laiſſez-le aller. » Enfin ne lui parla pas. Eſt tout ce qu'il a dit ſavoir.

Signé : DAVID, HUGOT.

Matthieu Pélouard, bourgeois de Paris, y demeurant rue Saint-Honoré, paroiſſe Saint-Germain l'Auxerrois, âgé de vingt-ſept ans ou environ,

Dépoſe que dimanche dernier, étant ſur l'amphithéâtre de la Comédie du Palais-Royal, il vit jeter ſur le théâtre une pierre ou quelque choſe de ſemblable, pendant que quelques acteurs jouoient, entre autres ledit ſieur de Molière ; & à la fin de la comédie il vit pluſieurs gens de livrée dans le parterre, croit que ce ſont tous pages, partie de celles de M. de Grandmont, qui firent grand bruit & rumeur. Aperçut qu'un d'eux donna des coups de bâton, mais ne ſait à qui. Et

comme cela mit presque toutes les personnes qui y étoient en alarme, M. le
procureur du Roi parut en robe sur ledit
théâtre, lequel leur dit : « Pages, cela
n'est pas honnête d'user de telles violences
dans un lieu de respect comme est le
Palais-Royal. Mettez vos bâtons bas. »
Nonobstant ils ne laissèrent de remuer
comme auparavant, n'eurent aucun respect pour mondit sieur le procureur du
Roi, levoient leurs mains comme se mo-
quant de lui ; & quelques personnes d'ap-
parence, qui étoient sur ledit théâtre,
leur ayant dit : « Messieurs, vous parlez
à M. le procureur du Roi, qui est votre
juge », une voix répondit : « Nous n'a-
vons pas de juges, nous nous moquons
des juges. » Enfin lui parlèrent avec beaucoup de mépris. Et remarqua parmi lesdits pages un jeune homme couvert d'un
justaucorps de velours noir, ayant l'épée

au côté, & d'une plume blanche fur fon chapeau, qui prenoit fort leur intérêt contre mondit fieur le procureur du Roi, lequel ne leur parla à tous qu'avec grande douceur & modération, quoiqu'ils caufèrent une grande rumeur, & de la manière qu'ils en ufèrent, ils fe rendirent maîtres du parterre. Eft tout ce qu'il a dit favoir.

Signé : DAVID, PÉLOUARD.

Louis-Jofeph Pouffin, muficien ordinaire de la chambre du Roi, demeurant rue Saint-Nicaife, paroiffe Saint-Germain l'Auxerrois, âgé de vingt ans ou environ,

A dit que dimanche dernier, entendant fur le théâtre la comédie françoife au Palais-Royal, il vit jeter fur le théâtre, pendant que quelques acteurs jouoient, le gros bout d'une pipe à fumer, & à la fin de la comédie il fut fait dans le parterre un grand bruit & défordre caufé par gens de livrée, un defquels donna des coups de bâton à un particulier. Et comme la rumeur étoit grande, M. le procureur du Roi parut en robe fur le bord du théâtre, qui dit avec douceur : « Pages, quittez vos bâtons & les mettez bas. » N'en vit ledit dépofant qu'à un defdits pages. Nonobftant les remontrances que leur fit M. le procureur du Roi, jufqu'à leur dire qu'il s'en plaindroit à M. de Grandmont, ne doutant pas qui il étoit, ils ne laiffèrent pas de continuer leurs violences, ne tinrent aucun compte de ce qu'il leur dit. Et parmi les pages il y avoit un jeune homme couvert d'un juftaucorps de velours noir, ayant l'épée au côté & une plume blanche fur le chapeau, qui prenoit fort leurs intérêts. Et fur ce qu'une perfonne de

qualité, qui étoit fur ledit théâtre, leur
dit : « Vous perdez le refpect, vous parlez
à votre juge », une voix d'entre eux répondit : « Nous nous moquons des juges,
nous n'avons pas de juges » ; enfin lui
parlèrent avec beaucoup de mépris. Et
par leur moyen il penfa arriver un très-
grand défordre, étant comme les maîtres
dans ledit parterre. Eft tout ce qu'il a
dit favoir.

Signé : DAVID, POUSSIN[1].

[1] M. Victor Fournel, dans ses *Curiofités
théâtrales,* p. 134, ouvrage que nous avons
cité déjà plus haut, raconte un fait affez
femblable à celui que rapporte le document
que nous publions ici : « Les gens de la
maifon du Roi jouiffaient autrefois de l'entrée gratuite à la Comédie, & le parterre en
était toujours rempli. Molière obtint de
Louis XIV la fuppreffion de cet abus. Mais
ces meffieurs, fe croyant outragés & ne voulant pas renoncer à leur privilége, réfolurent

de forcer l'entrée de la falle ; ils fe rendirent
en nombre au théâtre de Molière, attaquè-
rent les gardiens & tuèrent le portier, quoi-
que, accablé par le nombre, il eût fini par
jeter fon épée pour qu'on l'épargnât. Rendus
plus furieux encore par cette réfiftance, ils
cherchaient partout la troupe pour la traiter
de même ; déjà la plupart des acteurs com-
mençaient à s'enfuir, et les femmes étaient
demi-mortes de frayeur. Béjard, qui fe trouvait habillé en vieillard pour la pièce qu'on
allait jouer, ofa fe préfenter fur le théâtre
devant ces forcenés en leur criant : « Eh !
» meffieurs, épargnez du moins un pauvre
» vieillard de foixante-quinze ans, qui n'a
» plus que quelques jours à vivre. » Ces paroles, dans la bouche d'un jeune acteur
aimé, excitèrent un éclat de rire, et Molière
acheva de les ramener à l'ordre en leur parlant vivement de la volonté du Roi, de forte
qu'ils fe retirèrent, & que depuis ils payè-
rent comme les autres fpectateurs. »

IV.

Plainte et information pour noble homme Jean - Baptiſte Poquelin de Molière contre le nommé Coiffier, ci-devant huiſſier au Grand Conseil [1].

L'an 1672, le 29ᵉ jour d'octobre après midi, ſont venus en l'hôtel de nous Jean David, conſeiller du Roi, commiſſaire enquêteur & examinateur au Châtelet de Paris, noble homme Jean - Baptiſte *Poquelin de Molière,* valet de chambre & tapiſſier ordinaire du Roi, & damoiſelle Armande Graſinde *Bejarre,* ſon épouſe, demeurant rue de Richelieu, paroiſſe Saint - Euſtache : leſquels nous

[1] Archives nationales, ſérie Y, nᵒ 14730.

ont dit & fait plainte qu'ayant confié au nommé Coiffier, ci-devant huiffier au grand confeil, une procuration de défunte... Bejarre [1], fille, de laquelle ladite damoifelle de Molière eft légatrice univerfelle de la fomme de fept mille tant de livres, pour en pourfuivre le payement à eux dû par le clergé de la ville de Viviers en Vivarais, ledit Coiffier, au. lieu de faire fes diligences & exécuter les ordres à lui donnés, auroit, en vertu de ladite procuration, tiré des billets de change, & pour avoir plus de facilité d'en recevoir le payement, à l'infu des plaignants, fe feroit abfenté de cette ville il y a environ

[1] C'eft de Madeleine Béjard qu'il s'agit ici; née en janvier 1618, elle mourut le 17 février 1672. Son teftament & l'inventaire fait après fon décès ont été publiés par M. Eudore Soulié, *Recherches fur Molière*, p. 243 & 248.

fix femaines, s'en feroit allé en la ville de
Rouen où il eft préfentement, & fait
telles négociations fur ladite procuration
qu'il fouhaite, enfin, s'eft emparé de tout
entièrement. Ainfi lefdits plaignants font
en danger de perdre ladite fomme de fept
mille tant de livres, s'il n'y eft prompte-
ment pourvu. De plus, ledit Coiffier étant
un homme qui préfentement n'a pas le
caractère d'huiffier comme il l'avoit lorf-
que ladite procuration lui a été confiée,
c'eft pourquoi lefdits fieurs plaignants
ont été confeillés de nous venir rendre
leur plainte, de laquelle ils nous requiè-
rent acte à eux octroyé, & que du contenu en icelle ayons à en vouloir faire
rapport à M. le lieutenant civil; requé-
rant fur ce permiffion de mondit fieur le
lieutenant, de faire arrêter ledit Coiffier
en. tel lieu qu'il fera rencontré, pour
fûreté de ladite fomme contenue en ladite

procuration de laquelle il eſt chargé. Déclarant pour ce qu'ils ſe rendent parties civiles, et ont ſigné.

  Signé : J. B. POQUELIN MOLIÈRE[1],
    ARMANDE GRÉSINDE BÉJARD,
    DAVID.

Permis d'informer de l'abſence dudit Coiffier par-devant le commiſſaire David.

  Fait ce 31 octobre 1672.

  Signé : LECAMUS.

En conſéquence de laquelle ordon-

[1] On a vu plus haut dans le document coté II, et où Molière paraît comme comédien, qu'il ſigna ſeulement *J. B. P. Molière ;* dans celui-ci, au contraire, où il ne figure que comme ſimple particulier, il ſigne *J. B. Poquelin Molière.* Cette différence eſt à noter. Elle n'avait pas échappé à M. Édouard Fournier, qui, dans *le Roman de Molière,* p. 122, en parlant d'une procuration don-

FAC-SIMILE DES SIGNATURES DE LA PIÈCE CI-CONTRE.

nance, nous, confeiller commiffaire fufdit, avons procédé au fait de ladite information , & en icelle ouï & examiné
les témoins à nous produits & affignés
de notre ordonnance , les noms defquels,
âges, qualités, demeures, dires & dépo-
fitions, avons rédigé par écrit ainfi qu'il
enfuit :

Du 31ᵉ & dernier jour d'octobre 1672.
fur les deux heures de relevée, font com-
parus par-devant nous :

Jacques Hugot , ingénieur ordinaire
des armées du Roi, demeurant à Paris.

née par Molière & qui fe trouvait dans la
collection de M. Lajariette, s'exprime ainfi :
« Cet acte porte la fignature *rariffime,* où le
nom de Poquelin eft en toutes lettres. Il
ne fignait ainfi que dans les actes d'affaires,
où il redevenait Poquelin. » Nous fommes
heureux que les documents publiés par
nous viennent corroborer l'affertion de
M. Édouard Fournier

rue de la Sourdière, paroiſſe Saint-Roch, âgé de trente-neuf ans ou environ, aſſigné cejourd'hui par exploit d'Étienne Chantreau, ſergent à verge audit Châtelet, ainſi qu'il nous eſt apparu; lequel, après ſerment par lui fait de dire vérité, qu'il n'eſt parent, allié, ni domeſtique auxdites parties,

A dit bien connoître ledit Coiffier, fait qu'il a été ci-devant huiſſier au grand conſeil, l'a fréquenté pluſieurs fois; fait de plus qu'il eſt abſent de cette ville il y a environ cinq ou ſix ſemaines, et a ouï dire audit Coiffier, auparavant ſon abſence, qu'il avoit été au Vivarais pour les affaires de ladite damoiſelle de Molière. Lui dit auſſi qu'il avoit trouvé des moyens pour la faire payer, qu'un autre que lui n'auroit pas fait; dit de plus avoir vu des lettres dudit Coiffier adreſſantes, deux au ſieur de Chaſteauneuf, écrites de Rouen,

& l'autre à la damoiselle Baftelet. Eft tout ce qu'il a dit favoir.

Signé : DAVID, HUGOT[1].

Henry de Chafteauneuf, bourgeois de Paris, y demeurant rue et près Saint-Honoré, paroiffe Saint-Euftache, âgé de vingt-fept ans ou environ, &c., lequel, après ferment par lui fait de dire vérité, qu'il n'eft parent, allié, ni domeftique auxdites parties,

A dit qu'il connoît particulièrement ledit Coiffier, fait qu'il a été ci-devant huiffier au grand confeil, fe font fré-quemment vus pendant qu'il a été en cette ville, & depuis environ fix femaines

[1] Par une fingulière coïncidence, ce Hugot fe trouve auffi figurer parmi les témoins dans la pièce précédente. Eft-ce un fimple effet du hafard, ou bien vivait-il dans la familiarité de Molière? C'eft ce que nous ne faurions dire.

ledit Coiffier s'en feroit abfenté. Lui dit
avant fon départ qu'il alloit en la ville
de Rouen, & qu'il reviendroit à la fin de
feptembre dernier pour vider les affaires
defdits fieur et damoifelle de Molière, ce
qu'il n'a pas fait, n'étant pas revenu ; fait
en outre, ledit dépofant, qu'en effet ledit
Coiffier a des papiers entre fes mains dont
il a été chargé par lefdits fieur & damoifelle complaignants pour faire des pour-
fuites en vertu defdits papiers dans le
pays de Vivarais, ne fait contre qui, mais
a bien ouï dire que la fomme pour laquelle il avoit charge de faire les pour-
fuites étoit de fix ou fept mille livres. Et
eft tout ce qu'il a dit favoir.

  Signé : David, H. Chasteauneuf.

 Maître François Poiffon, avocat au
confeil d'État & privé du Roi, demeurant rue de l'Éperon, paroiffe Saint-André

des Arts, âgé de trente et un ans ou environ, &c.,

A dit qu'il connoît ledit Coiffier; fait qu'au mois d'août dernier il lui fut mis entre les mains, par les fieur & damoifelle de Molière, un arrêt du conseil du 7 janvier 1671, rendu entre feu la demoifelle Béjard, pour laquelle ledit dépofant étoit avocat, & la veuve Baratier, les colonels, capitaines fuiffes, le syndic du diocèfe de Viviers, le procureur général en la chambre des comptes de Grenoble, & plufieurs autres y dénommés [1], en-

[1] On trouve les titres de cette créance de Madeleine Béjard, qui paffa par héritage à Molière & à fa femme, inventoriés dans les papiers de fa fucceffion. Voici, en effet, ce qu'on lit dans l'inventaire fait après décès de la fœur d'Armande Béjard : « *Item,* quatre pièces attachées enfemble. La première eft une obligation paffée par-devant François Vaudrot, notaire royal delphinal hérédi-

femble d'autres arrêts & procédures dudit confeil depuis rendus à la pourfuite defdits fieur & damoifelle Molière pour l'exécution dudit arrêt, pour par ledit Coiffier fe tranfporter en la ville de Viviers pour y contraindre les fyndic & receveur dudit clergé au payement de la fomme de trois

taire de Montélimart, le 18 février 1655, par laquelle appert Antoine Baralier, confeiller du Roi, receveur des tailles en l'élection dudit Montélimart, devoir à ladite défunte damoifelle Béjard la fomme de trois mille deux cents livres pour les caufes, & à payer au terme y déclaré; enfuite de laquelle eft un acte reçu par Motet, notaire royal en la ville de Montpellier, du 22ᵉ dudit mois de février 1655, contenant noble homme Julien Meindre? fieur de Rochefauve? habitant de la ville de Brioude en Auvergne, s'être rendu caution & principal payeur de ladite fomme de trois mille deux cents livres envers ladite damoifelle Béjard. La feconde eft une permiffion du juge pour mettre à

mille deux cents livres d'une part, & celle
de quatre - vingt - onze livres dix fols
d'autre, enfemble les intérêts defdites
fommes, à compter du 3 mars 1657, en
quoi ils font condamnés par lefdits arrêts.
Et il y a environ fix femaines que ledit
fieur dépofant ayant vu ledit Coiffier en

exécution ladite obligation. La troifième eft
une autre commiffion donnée par Pierre
Le Blanc, feigneur de la Rouvière et de
Fournigue, confeiller & juge pour le Roi en
la cour de Nîmes du 12 avril 1657, & la
quatrième eft un exécutoire en parchemin,
figné « Par le Roi, Dauphin, en fon confeil,
» Maissar », et fcellé de cire rouge, par lequel
Françoife Lenoir, veuve & héritière dudit
défunt Antoine Baralier, eft tenue payer à
ladite damoifelle Madeleine Béjard la fomme
de fix cent vingt-trois livres douze fols, à la
déduction de cent livres, &c. Donné à Saint-
Germain en Laye, le 14ᵉ avril 1671. » Voyez
Eudore Soulié, *Recherches sur Molière,*
p. 254.

cette ville, il lui dit qu'il avoit été au Vivarais, qu'il y avoit fait bon voyage & qu'il avoit été payé dudit clergé en lettres de change, qu'il n'y avoit plus que fes frais de voyage & mifes à exécution à faire taxer, &, pour ce, lui dit qu'il iroit le trouver le lendemain, qu'il porteroit toutes les pièces audit fieur déposant fur ce qu'il lui dit qu'il en avoit affaire, ce qu'il n'a pas fait, & ne l'a pas vu depuis ce temps-là à Paris. A appris qu'il en a toujours été abfent. Eft tout ce qu'il a dit favoir.

Signé : DAVID, POISSON.

René Legras, clerc dudit fieur Poiffon, avocat au confeil, précédent témoin, demeurant en fa maifon de la rue de l'Éperon, âgé de vingt-trois ans ou environ, &c.,

A dit qu'il y a environ fix femaines,

ne fe fouvient plus du jour, qu'il ren-
contra fur le pont Neuf ledit Coiffier,
s'arrêtèrent un moment de temps à parler
enfemble, &, dans leur entretien, ledit
Coiffier lui dit qu'il revenoit du Vivarais
pour les affaires defdits fieur & damoifelle de Molière ; qu'il avoit tiré du fyndic
& du receveur du clergé du diocèfe de
Viviers deux lettres de change pour la
fomme due auxdits fieur & damoifelle de
Molière, à prendre fur deux banquiers
italiens demeurant en cette ville; qu'il
n'y avoit plus que les frais de fon voyage
à taxer, ce qu'il feroit faire quand il feroit
de retour de Rouen, où il dit qu'il alloit
faire un voyage. En effet, depuis ce
temps-là, ledit dépofant ne l'a pas vu.
Ajoute le dépofant que ledit Coiffier lui
dit, avant qu'il fût au Vivarais, qu'il avoit
tous les papiers concernant les affaires
pour lesquelles il alloit audit Vivarais,

& qu'il en donneroit des copies, fur ce
que ledit dépofant lui dit que l'on en
avoit affaire ; ne fait s'il l'a fait. Eſt tout
ce qu'il a dit favoir.

Signé : DAVID, LEGRAS.

Vu la plainte & information, je re-
quiers pour le Roi le nommé Coiffier être
pris au corps. Fait le 31 octobre 1672.

Signé : DE RYANT.

Soit fait ainſi que le requiert le procureur du Roi. Fait le 31ᵉ octobre 1672.

Signé : LECAMUS.

V.

Défordres arrivés à la Comédie du Palais-Royal, le 13 janvier 1673, pendant une repréfentation de Pfyché[1].

L'an 1673, le vendredi 13e jour de janvier, fur les cinq heures du foir, nous, Jean David, confeiller du Roi, commiffaire enquêteur & examinateur au Châ-

[1] Archives nationales, férie Y, nº 14731. Bien que ce procès-verbal ne fe rapporte pas directement à Molière, nous n'héfitons pas à le publier, puifqu'il s'agit de défordres arrivés pendant la repréfentation d'une de fes pièces, *Pfyché*, qu'il fit en collaboration avec Pierre Corneille. Il nous femble, d'ailleurs, qu'elle n'eft pas fans intérêt au point de vue des détails qu'elle nous tranfmet fur cette repréfentation. Molière mourut, comme on fait, le 17 février fuivant.

6.

telet de Paris, fur ce qui nous a été donné advis de la part de la troupe des Comédiens de Sa Majefté, établie au Palais-Royal, que dans le parterre il y avoit quantité de gens d'épée entrés fous prétexte d'entendre la comédie, qui eft la repréfentation de *Pfyché*, lefquels compofoient entre eux, contre la volonté de fadite Majefté & au mépris de l'ordonnance de M. le lieutenant de police, en date du 9 du préfent mois, affichée, lue & publiée à fon de trompe aux lieux & endroits accoutumés de cette ville, un défordre & une fédition comme il a été ci-devant fait à l'hôtel de Bourgogne, nous nous y ferions à l'inftant tranfporté, & étant monté au lieu où font les loges des acteurs, derrière le théâtre, fe feroit adreffé à nous le fieur de la Thorillière[1],

[1] François Le Noir, écuyer, fieur de la Thorillière, naquit vers 1626; il avait été

un desdits acteurs, lequel nous auroit dit que la troupe différoit à jouer au sujet desdits gens d'épée, au nombre de cinquante ou soixante dans ledit parterre, qui en effet témoignent par leurs gestes

militaire avant de se faire comédien, & dans un acte publié par M. Jal dans son *Dictionnaire*, il prend le titre de « capitaine d'une compagnie de gens de pied dans le régiment de Lorraine, & maréchal de camp. » Son mariage avec la fille du comédien Pierre Petitjean, dit Laroque, qui eut lieu en avril 1658, décida probablement de sa vocation. En 1661, il faisait partie de la troupe du Marais, administrée alors par son beaupère. Au mois de juin 1662 il passa dans celle du Palais-Royal, & y remplit les rôles de rois & de paysans. Il mourut le 27 juillet 1680, & fut enterré le lendemain à Saint-Sauveur. C'est la Thorillière qui reprit, après la mort de Molière, le rôle créé par celui-ci dans *le Malade imaginaire.* (Voyez *Dictionnaire critique,* par M. Jal.) Le *Dictionnaire portatif des théâtres,* par M. de

& paroles les interrompre & troubler : c'eft pourquoi, & afin de faire connoître cette violence, au cas qu'il en arrive davantage, il nous requiert, à l'intérêt de ladite troupe, de vouloir refter pendant ladite comédie pour dreffer procès-verbal de ce qui fe paffera.

De forte que nous, confeiller commiffaire fufdit, ferions monté fur ledit théâtre, d'où, auffitôt que la première entrée s'eft faite, avons aperçu dans ledit parterre, à la faveur de la clarté des chandelles, quelques gens d'épée à nous inconnus qui fe feroient approchés dudit théâtre, lefquels murmuroient & frappoient du pied à terre, & quand la ma-

Léris, dit que la Thorillière compofa une tragédie intitulée *Marc Antoine*. Son fils & fon petit-fils furent également comédiens, & fa fille Charlotte époufa en 1675 le célèbre Michel Baron.

chine de Vénus eſt deſcendue, le chœur
des chanteurs de cette entrée récitant
tous enſemble *Deſcendez, mère des
Amours!* leſdits gens d'épée, autant
qu'avons pu remarquer être au nombre
de vingt-cinq ou trente, de complot, auroient troublé leſdits chanteurs par des
hurlements, chanſons dériſionnaires &
frappements de pied dans le parterre &
contre les ais de l'enclos où ſont les joueurs
d'inſtruments, ce qui auroit obligé de
ceſſer. Et comme nous avons particulièrement remarqué que les autres ſpec-
tateurs étoient beaucoup alarmés de ce
déſordre, nous aurions dit audit ſieur
de la Thorillière de parler auxdits gens
d'épée; ce qu'il a fait. Et leur ayant de-
mandé civilement à quel deſſein ils uſoient
de telles violences, que s'ils avoient donné
de l'argent ladite troupe étoit prête de
leur rendre, encore bien qu'il y avoit

ordre exprès de ne laiſſer entrer aucune perſonne ſans payement; qu'autrement, s'ils ne vouloient pas finir leur bruit & l'empêchement qu'ils mettoient à ladite comédie, il alloit faire baiſſer la toile, & que la troupe ſe retireroit. Ils auroient tous répondu de commune voix & avec des tons comme abſolus, en ces termes : « Nous nous moquons de l'argent que nous vous avons donné, nous n'en voulons point; que l'on recommence la comédie, nous voulons nous divertir pour notre argent! » Laquelle comédie a en effet été recommencée. Dont & de tout ce que deſſus, avons fait & dreſſé le préſent procès-verbal.

Signé : David.

FIN.

INDEX

ALPHABÉTIQUE.

TABLE

DES DOCUMENTS.

ACHEVÉ D'IMPRIMER LE 3 AOUT 1871
PAR HENRI PLON, IMPRIMEUR-ÉDITEUR.
TIRÉ A 800 EXEMPLAIRES SUR PAPIER VÉLIN
ET A 210 EXEMPLAIRES SUR PAPIER DE HOLLANDE
NUMÉROTÉS.